# ¡A DISFRUTAR!

## DEMUESTRA TUS HABILIDADES
## Y CONOCIMIENTOS BÍBLICOS

# SOPA DE LETRAS

## ¿SERÁS CAPAZ DE ENCONTRAR TODAS LAS PALABRAS?

```
O  J  P  S  E  O  Q  M  S  V  S  E  T  W
E  K  U  P  C  R  S  W  T  J  S  U  R  N
D  X  Z  L  Z  Z  K  M  X  A  O  H  E  B
E  G  O  F  L  E  I  P  H  M  I  P  R  Y
N  S  E  M  E  J  A  N  Z  A  F  Z  N  P
O  W  E  A  A  R  B  O  L  R  S  O  Q
K  C  S  M  Y  C  R  E  A  C  I  O  N  D
J  X  S  E  P  T  I  M  O  F  M  H  Z  A
R  U  B  J  D  U  E  G  U  H  E  V  A  D
S  R  A  O  I  R  A  P  T  U  Z  E  X  A
G  V  W  X  A  A  Y  Y  W  P  C  A  I  N
T  I  P  S  E  R  P  I  E  N  T  E  V  R
E  A  N  K  O  C  L  D  E  U  T  N  V  R
V  Q  Y  D  Q  P  C  O  S  T  I  L  L  A
```

| | |
|---|---|
| Adán | Caín |
| Costilla | Creación |
| Día | Edén |
| Eva | Semejanza |
| Serpiente | Set |
| Séptimo | Árbol |

# 2. NOÉ
### Génesis 7-9

J A F E T G C K N K J S F L
I S O A R C A C V H H E H P
A C G K G C U E R V O M C A
P V U T Z C L C K K E G R
B P S D C J H J A M I F P E
J Y P I R A J H N R U I S J
L O T L W A M R I Y F A A A
A O B U P A L O M A F U H S
M W L V F F U Q A R J A C U
E T P I D V S P L R G N V O
C X T O V Z U D E N S U J O
F H N O E O S V S J B J F I
P N L G J R I F N U E C E N
T Z E Q Z S F W E R X Y B H

Animales    Arca
Cam    Cuervo
Diluvio    Jafet
Lamec    Noé
Olivo    Paloma
Parejas    Sem

# 3. ANIMALES
**Génesis**

| | | | | | | | | | | | | | |
|---|---|---|---|---|---|---|---|---|---|---|---|---|---|
| S | N | O | W | H | G | F | V | O | K | U | C | A | A |
| I | O | S | O | B | Z | P | T | C | M | T | N | V | C |
| J | K | P | R | Z | A | X | O | R | E | X | E | B | O |
| T | Q | Z | I | K | T | L | I | T | H | S | Q | B | V |
| D | X | D | U | X | B | V | L | P | E | R | R | O | E |
| H | J | S | G | D | C | Z | E | E | X | T | E | P | J |
| G | X | I | J | E | L | E | F | A | N | T | E | I | A |
| K | P | G | R | G | A | L | L | I | N | A | I | D | S |
| R | A | A | U | A | W | Z | V | J | V | E | E | L | P |
| C | J | T | C | C | F | B | D | M | H | X | X | K | W |
| A | A | O | S | W | L | A | M | X | H | R | R | B | P |
| B | R | J | O | M | E | D | K | Q | L | Y | Q | E | S |
| R | O | S | U | Y | O | G | I | K | K | W | S | A | T |
| A | S | C | J | C | N | H | D | C | T | I | G | R | E |

| | |
|---|---|
| Ballena | Cabra |
| Elefante | Gallina |
| Gato | Jirafa |
| León | Oso |
| Oveja | Perro |
| Pájaros | Tigre |

# 4. TORRE DE BABEL
### Génesis 11:1-9

```
F  A  Z  J  T  Y  P  B  D  E  P  N  G  A
Q  Z  L  N  C  I  U  D  A  D  T  C  U  S
D  U  S  E  Y  Q  L  L  M  V  N  U  C  U
A  Q  K  S  T  W  E  A  V  G  I  S  O  H
U  T  T  P  D  T  N  J  F  Z  Y  P  N  G
B  D  Z  U  T  X  G  A  S  A  Y  I  S  C
B  S  I  N  A  R  U  S  G  X  G  D  T  O
T  A  W  A  L  L  A  N  U  R  A  E  R  N
O  C  B  T  R  N  S  G  H  S  C  A  U  F
R  V  T  E  W  C  I  E  L  O  O  I  C  U
R  F  T  V  L  I  Y  M  D  N  O  A  C  S
E  C  U  D  W  J  Z  B  I  G  J  T  I  I
G  D  Z  S  O  L  D  H  M  C  G  P  O  O
S  L  A  D  R  I  L  L  O  Z  D  E  N  N
```

| | |
|---|---|
| Babel | Cielo |
| Ciudad | Confusión |
| Construcción | Cúspide |
| Faz | Ladrillo |
| Lenguas | Llanura |
| Sinar | Torre |

# 5. ABRAM
### Génesis 12-14

| | | | | | | | | | | | | | |
|---|---|---|---|---|---|---|---|---|---|---|---|---|---|
| H | T | F | S | L | Z | K | H | V | H | O | P | M | B |
| M | B | B | Y | B | O | I | H | K | W | I | J | H | V |
| E | G | S | W | L | L | T | A | B | R | A | M | Y | V |
| L | G | A | Q | C | E | Q | N | K | P | V | C | E | R |
| Q | O | R | U | T | A | K | X | B | T | F | S | G | G |
| U | M | A | Q | E | U | N | L | V | Y | Q | O | I | I |
| I | O | I | A | W | S | O | A | D | X | Y | D | P | N |
| S | R | L | S | Y | A | L | H | A | B | Q | O | T | B |
| E | R | R | E | G | A | L | O | S | N | O | M | O | T |
| D | A | R | W | W | B | E | C | A | L | T | A | R | J |
| E | W | Z | O | U | F | L | U | K | H | E | U | R | C |
| C | Z | D | E | S | C | E | N | D | E | N | C | I | A |
| R | A | H | C | S | E | B | E | I | W | N | A | C | C |
| B | M | H | B | G | K | P | S | U | K | D | R | O | D |

| | |
|---|---|
| Abram | Altar |
| Canaán | Descendencia |
| Egipto | Gomorra |
| Lot | Melquisedec |
| Regalos | Rico |
| Sarai | Sodoma |

# 6. ABRAHAM
### Génesis 15-19

```
W  O  A  G  A  R  P  P  R  I  Y  M  F  B
I  K  S  T  A  R  R  I  G  S  I  O  E  L
U  C  C  A  E  F  C  S  S  M  T  I  C  R
L  I  H  F  R  L  A  K  Z  A  L  G  W  I
X  R  E  K  Y  A  G  N  X  E  A  Y  X  J
L  C  R  F  M  R  Z  S  G  L  Y  C  D  X
A  U  E  J  P  Z  Z  N  S  E  N  B  X  I
E  N  D  F  G  A  C  S  Y  A  L  T  C  O
U  C  E  B  L  J  C  L  R  B  E  E  Q  F
C  I  R  F  I  N  V  T  M  R  T  A  S  P
D  S  O  T  C  N  R  A  O  A  Q  G  S  T
N  I  V  I  S  I  O  N  B  H  C  R  F  D
E  O  E  L  I  E  Z  E  R  A  Q  I  B  G
J  N  O  B  T  R  I  S  A  M  R  D  F  H
```

| | |
|---|---|
| Abraham | Agar |
| Circuncisión | Eliezer |
| Heredero | Isaac |
| Ismael | Pacto |
| Risa | Sara |
| Visión | Ángeles |

# 7. ISAAC
### Génesis 24

| | | | | | | | | | | | | | |
|---|---|---|---|---|---|---|---|---|---|---|---|---|---|
| P | I | U | C | B | B | E | T | U | E | L | I | W | A |
| S | K | E | R | E | B | E | C | A | P | V | V | Y | I |
| M | P | B | R | S | Y | B | G | O | F | O | J | A | N |
| I | G | A | B | W | K | A | C | W | X | S | Z | W | J |
| I | S | O | R | D | G | F | Y | Z | H | H | L | O | O |
| N | Z | A | V | E | J | U | R | A | M | E | N | T | O |
| C | T | F | A | F | N | A | S | T | N | A | C | O | R |
| A | I | S | I | C | G | T | C | R | I | A | D | O | U |
| S | G | E | E | X | E | O | E | F | S | B | B | Y | I |
| L | T | A | G | U | A | P | B | L | U | Z | G | N | N |
| O | X | M | I | L | C | A | E | P | A | W | E | V | Z |
| T | U | I | E | R | X | F | F | A | E | W | D | N | G |
| Z | W | R | E | W | Y | C | A | M | E | L | L | O | S |
| J | D | M | Z | P | U | L | A | B | A | N | E | Q | E |

| | |
|---|---|
| Agua | Betuel |
| Camellos | Criado |
| Isaac | Juramento |
| Labán | Milca |
| Nacor | Parentela |
| Pozo | Rebeca |

# 8. JACOB
### Génesis 25:19-34, 26-28

| | | | | | | | | | | | | |
|---|---|---|---|---|---|---|---|---|---|---|---|---|
| H | B | L | J | V | P | B | P | N | A | J | U | X | U |
| K | Q | D | J | N | R | I | O | O | F | G | I | M | F |
| S | O | D | Y | B | I | A | L | N | Z | Q | O | L | E |
| U | I | X | H | X | M | M | A | I | D | O | I | E | J |
| E | D | M | Y | S | O | Q | B | I | F | X | H | N | A |
| Ñ | S | O | B | Y | G | K | A | S | W | P | U | T | C |
| O | X | R | U | E | E | C | N | U | Y | I | Y | E | O |
| P | B | L | P | K | N | J | A | L | E | E | E | J | B |
| D | E | G | M | D | I | D | C | Z | U | D | H | A | J |
| S | F | G | G | H | T | Z | I | O | A | R | H | S | A |
| D | F | N | Z | V | U | I | T | C | O | A | Z | L | R |
| E | S | A | U | Y | R | Z | E | M | I | Q | K | Q | W |
| P | R | C | O | A | A | G | T | X | N | O | I | L | P |
| P | A | E | S | C | A | L | E | R | A | Y | N | D | H |

| | |
|---|---|
| Bendición | Caza |
| Esaú | Escalera |
| Huye | Jacob |
| Labán | Lentejas |
| Piedra | Pozo |
| Primogenitura | Sueño |

# 9. JACOB Y RAQUEL

**Génesis 28-31**

```
E  T  F  X  G  H  N  W  X  O  F  N  B  H
O  B  O  B  G  Z  L  T  N  Q  U  M  R  B
L  I  K  F  R  E  B  A  Ñ  O  S  P  A  D
E  L  L  L  C  Z  I  L  P  A  W  H  Q  O
A  H  Q  H  K  A  N  Z  Y  Q  V  D  U  I
I  A  M  Z  K  U  T  F  S  T  A  L  E  N
C  M  N  T  F  F  V  O  V  R  A  Ñ  L  G
J  O  S  E  R  E  L  N  R  V  T  A  O  G
S  I  E  T  E  E  G  F  V  C  V  F  J  S
X  Q  Z  J  Q  M  T  A  O  Q  E  K  U  H
Z  H  K  E  U  X  X  A  L  R  V  J  Q  E
S  A  L  A  R  I  O  J  S  A  Y  Z  I  P
H  U  Y  W  R  N  L  W  H  M  A  D  A  Y
F  G  K  H  I  X  W  C  Q  T  M  D  P  F
```

| | |
|---|---|
| Años | Bilha |
| Catorce | Galaad |
| José | Lea |
| Raquel | Rebaños |
| Salario | Siete |
| Tretas | Zilpa |

# 10. JOSÉ
### Génesis 37

```
I  G  R  V  Z  N  K  Y  X  D  F  N  X  A
C  R  L  E  P  J  D  Q  U  A  F  Q  O  J
I  B  D  N  W  D  I  S  R  Q  Q  D  I  A
S  X  T  D  Q  P  E  E  U  U  P  Y  C  C
T  R  J  I  N  E  C  U  G  E  C  I  K  O
E  J  S  D  L  R  I  J  X  I  Ñ  A  W  B
R  T  K  O  U  A  S  O  E  V  P  O  U  R
N  P  O  D  T  L  I  S  H  B  T  T  S  Y
A  O  G  A  O  E  E  E  O  T  L  S  O  Q
N  T  M  J  N  C  T  R  N  E  A  A  T  T
O  I  H  F  P  M  E  S  H  I  J  O  S  E
G  F  W  C  S  H  M  N  M  V  O  N  T  S
K  A  T  U  N  I  C  A  Y  Q  I  Z  N  U
U  R  Z  S  X  M  T  W  R  P  A  S  L  R
```

| | |
|---|---|
| Cisterna | Diecisiete |
| Doce | Egipto |
| Hijos | Jacob |
| José | Luto |
| Potifar | Sueños |
| Túnica | Vendido |

# 11. JOSÉ EN EGIPTO
### Génesis 39-46

```
L  Y  H  A  M  B  R  E  E  N  D  E  R  F
C  B  E  N  J  A  M  I  N  M  J  B  E  T
O  C  O  P  A  J  H  W  Z  A  J  D  C  Z
Q  L  U  D  H  X  U  W  G  Y  O  D  O  A
U  V  U  C  J  M  S  F  O  O  I  V  N  A
S  J  S  L  M  E  U  H  B  R  P  R  C  D
E  S  P  O  S  A  E  E  E  D  O  O  I  E
W  C  S  L  M  M  Ñ  R  R  O  T  U  L  Z
F  L  A  W  E  B  O  M  N  M  I  L  I  Z
Q  D  N  R  Y  Z  S  A  A  O  F  K  A  F
R  J  Z  T  C  W  R  N  D  C  A  R  C  F
F  J  J  V  V  E  C  O  O  H  R  B  I  S
C  L  U  P  G  X  L  S  R  O  S  O  Ó  K
I  Y  I  N  T  E  R  P  R  E  T  A  N  U
```

| | |
|---|---|
| Benjamín | Copa |
| Cárcel | Esposa |
| Gobernador | Hambre |
| Hermanos | Interpreta |
| Mayordomo | Potifar |
| Reconciliación | Sueños |

# 12. MOISÉS
### Éxodo 2-6

```
D  S  R  V  O  U  S  E  F  O  R  A  X  Y
I  S  R  A  E  L  I  T  A  S  E  F  M  D
W  E  T  C  G  Q  X  Y  T  T  X  A  K  H
G  S  A  F  D  R  J  I  I  Z  N  R  Q  J
R  C  Z  M  O  I  S  E  S  Y  A  A  F  V
X  L  F  T  C  S  I  R  K  L  S  O  Z  U
Y  A  M  A  R  U  X  X  T  J  E  N  U  U
U  V  T  A  R  O  P  X  N  H  S  N  I  Z
D  O  B  S  D  Q  Z  P  P  O  I  T  Y  A
A  S  H  O  O  I  U  C  N  R  N  N  C  R
A  S  D  Y  E  O  A  I  Y  E  A  Z  H  Z
R  J  H  W  V  U  E  N  L  B  T  G  M  A
O  U  W  O  B  Z  E  P  H  L  O  R  P  P
N  S  T  O  Q  M  K  R  J  R  A  Y  S  N
```

| | |
|---|---|
| Aarón | Arquilla |
| Asesinato | Esclavos |
| Faraón | Horeb |
| Israelitas | Madián |
| Moisés | Séfora |
| Zarza | |

# 13. DIEZ PLAGAS
## Éxodo 7-11

```
U  U  L  C  E  R  A  S  B  G  S  R  L  F
B  M  T  V  F  Y  R  T  N  Y  K  V  G  D
Q  N  T  I  N  I  E  B  L  A  S  W  V  X
K  H  Y  E  R  S  M  O  S  C  A  S  X  U
L  Z  C  G  S  G  G  R  A  N  I  Z  O  Y
A  D  N  R  Z  P  B  M  P  Z  M  S  P  B
N  F  D  O  Q  Y  P  C  I  P  U  C  T  T
G  V  L  Y  K  E  D  R  O  Y  E  X  N  N
O  S  A  N  G  R  E  A  J  T  R  Z  V  W
S  K  H  O  S  P  P  N  O  C  T  G  A  I
T  L  K  Q  D  I  R  A  S  Q  E  Q  R  X
A  Z  R  D  K  G  Y  S  W  I  X  S  A  Z
S  E  R  O  G  A  N  A  D  O  Q  G  Z  E
H  W  P  R  I  M  O  G  E  N  I  T  O  S
```

| | |
|---|---|
| Ganado | Granizo |
| Langostas | Moscas |
| Muerte | Piojos |
| Primogénitos | Ranas |
| Sangre | Tinieblas |
| Vara | Úlceras |

# 14. LIBERACIÓN
**Éxodo 12-20**

```
B  P  R  S  X  T  X  H  C  D  S  N  S  N
Y  H  H  P  D  M  C  O  L  U  M  N  A  F
G  E  X  D  G  R  L  A  N  U  B  E  M  G
X  S  T  F  R  Q  H  M  A  L  K  M  W  F
F  W  Q  F  H  T  F  Y  M  Z  T  I  T  A
T  F  U  E  G  O  Z  Q  C  A  G  E  X  C
S  J  M  A  N  D  A  M  I  E  N  T  O  S
V  U  U  V  B  C  Z  I  R  O  N  A  T  Z
N  E  Z  R  O  C  A  J  J  O  T  W  I  O
B  C  D  A  P  A  S  C  U  A  J  V  S  R
F  E  I  W  T  G  N  H  A  Z  I  O  N  K
T  S  H  D  F  T  J  U  G  O  G  N  M  S
Q  M  V  X  F  W  P  C  U  V  O  S  A  Q
R  N  S  I  N  A  I  Y  A  F  L  I  R  W
```

| | |
|---|---|
| Agua | Columna |
| Fuego | Jueces |
| Mandamientos | Maná |
| Mar | Nube |
| Pascua | Roca |
| Rojo | Sinaí |

# 15. JOSUÉ

**Josué 1-5**

```
V  W  P  L  P  I  E  D  R  A  S  O  E  K
E  D  J  O  R  D  A  N  H  Y  N  K  G  S
J  D  D  C  R  X  A  I  H  Z  S  D  V  G
E  C  W  O  N  A  J  O  S  U  E  T  N  L
R  L  O  J  T  F  H  M  O  I  S  E  S  U
C  A  L  K  E  N  R  A  H  B  X  H  T  Y
I  R  H  A  R  H  B  P  B  W  N  U  H  V
T  D  S  D  M  F  O  F  D  D  U  U  M  A
O  U  F  E  Y  A  C  V  Q  B  R  A  N  K
J  E  R  I  C  O  D  V  A  M  M  K  Q  D
P  U  I  T  G  N  B  O  B  T  Y  H  P  V
D  Z  T  A  K  B  O  E  T  Z  O  V  C  N
X  M  C  P  R  I  N  C  I  P  E  F  E  S
F  V  N  G  P  T  E  E  S  P  I  A  S  Z
```

| | |
|---|---|
| Ejército | Espías |
| Jehová | Jericó |
| Jordán | Josué |
| Llamado | Moisés |
| Nun | Piedras |
| Príncipe | Rahab |

# 16. TOMA DE JERICÓ

### Josué 6

```
O  J  C  Q  X  J  P  U  X  M  E  D  G  P
V  D  O  U  C  L  D  I  J  E  H  O  V  A
E  R  X  S  J  T  Z  C  Y  Z  S  F  S  E
C  W  K  U  U  W  D  T  G  L  A  K  Y  E
P  M  D  L  P  E  T  O  M  A  C  B  Q  I
C  R  O  D  E  A  R  E  J  A  E  O  U  R
I  Y  J  X  S  A  H  P  J  O  R  C  T  Z
U  F  E  M  I  P  R  R  Q  T  D  I  O  U
D  T  R  V  E  X  Z  C  H  R  O  N  A  L
A  F  I  I  T  H  L  X  A  D  T  A  M  O
D  K  C  X  E  H  G  O  P  I  E  S  F  Y
P  A  O  C  F  A  G  M  D  A  S  E  Y  B
V  F  V  Q  E  L  A  O  H  S  C  G  L  Q
N  V  U  E  L  T  A  S  L  Y  N  X  K  J
```

| | |
|---|---|
| Arca | Bocinas |
| Ciudad | Días |
| Jehová | Jericó |
| Josué | Rodear |
| Sacerdotes | Siete |
| Toma | Vueltas |

# 17. DÉBORA
### Jueces 4-5

```
Q  C  I  L  A  P  I  D  O  T  X  P  C  F
C  A  N  T  I  C  O  E  Y  V  Z  A  F  A
O  F  U  G  I  S  R  A  E  L  K  T  F  L
C  R  P  A  L  M  E  R  A  Y  M  Y  J  E
A  A  K  X  P  R  O  F  E  T  I  S  A  W
K  J  E  H  O  V  A  D  Z  U  I  B  Q  M
U  Z  X  J  W  I  E  E  A  W  V  S  H
A  B  D  P  A  B  R  B  Y  V  F  G  I  G
X  H  D  X  G  E  A  O  M  Z  R  T  S  E
K  O  W  J  Y  J  L  R  A  R  O  S  A  X
P  R  U  X  I  A  G  A  A  T  E  G  R  A
E  J  E  R  C  I  T  O  T  C  Y  E  A  J
T  R  I  Y  P  X  E  D  D  B  V  Y  U  L
B  F  E  Q  U  E  B  R  A  N  T  O  A  P
```

| | |
|---|---|
| Barac | Cántico |
| Débora | Ejército |
| Israel | Jael |
| Jehová | Lapidot |
| Palmera | Profetisa |
| Quebrantó | Sísara |

# 18. GEDEÓN

**Jueces 6-8**

```
B  V  E  L  L  O  N  V  Q  F  Q  H  Y  Q
E  D  P  B  R  M  T  A  G  U  A  Y  R  H
N  W  M  H  U  G  E  D  E  O  N  R  Y  S
J  F  L  A  N  G  E  L  K  V  L  X  H  N
R  L  J  T  R  E  S  C  I  E  N  T  O  S
S  R  G  L  D  Z  V  A  N  H  H  R  I  G
H  E  S  P  A  D  A  X  D  J  C  G  A  V
W  B  B  N  I  T  R  O  M  P  E  T  A  S
X  I  E  M  A  D  I  A  N  I  T  A  S  V
P  L  A  M  E  R  A  A  L  R  E  W  X  O
N  V  U  D  T  D  B  U  A  P  N  H  O  Q
D  E  R  R  O  T  A  M  N  N  C  B  T  K
G  Z  Z  V  M  E  T  F  A  M  E  K  C  U
D  J  Q  D  Z  E  B  D  Z  R  E  Y  E  S
```

| | |
|---|---|
| Agua | Derrota |
| Espada | Gedeón |
| Lamer | Lana |
| Madianitas | Reyes |
| Trescientos | Trompetas |
| Vellón | Ángel |

# 19. SANSÓN
**Jueces 13-16**

```
H  I  G  V  Q  S  G  M  E  K  G  V  W  U
N  R  D  Y  B  T  A  X  K  R  W  N  I  N
F  A  N  D  R  C  B  N  Q  Q  W  U  L  N
X  B  Z  Z  I  E  V  D  S  Z  Q  V  O  R
Q  J  K  A  P  G  T  V  T  O  J  U  O  I
Q  N  I  G  R  G  Y  G  I  K  N  I  Y  J
F  U  U  N  D  E  B  O  M  A  W  Z  C  P
M  W  I  V  C  A  N  G  N  D  A  G  O  N
V  A  E  J  B  E  L  O  A  U  S  N  R  C
V  B  N  E  A  X  N  I  T  Y  L  O  Q  I
D  I  I  O  Q  D  U  D  L  R  H  I  P  E
D  A  G  P  A  H  A  M  I  A  H  X  L  G
V  R  M  P  R  W  Z  L  E  O  N  T  B  O
L  K  A  F  I  L  I  S  T  E  O  S  M  X
```

| | |
|---|---|
| Ciego | Dagón |
| Dalila | Enigma |
| Filisteos | Incendió |
| León | Manoa |
| Nazareno | Quijada |
| Sansón | Timnat |

# 20. RUT
**Rut 1-14**

```
F   I   T   A   D   X   O   D   D   U   N   J   I   X
I   J   G   R   Q   X   O   L   I   Z   A   Z   E   L
O   Q   S   B   W   D   W   N   L   R   F   M   Q   V
B   U   I   N   O   B   E   L   I   M   E   L   E   C
R   E   E   R   Z   O   U   T   M   U   V   M   M   F
S   L   G   F   H   O   Z   H   Y   G   B   O   A   W
Z   I   A   J   V   Y   R   E   L   T   O   A   H   C
Y   O   L   Q   L   N   X   F   T   D   A   B   L   T
Y   N   G   W   X   M   O   W   A   W   A   W   O   P
W   D   E   R   A   J   N   E   X   S   O   D   N   F
O   J   Q   K   F   J   T   U   M   B   J   Z   V   M
M   B   K   A   C   K   O   Y   F   I   S   P   U   U
I   T   E   Q   B   G   K   U   E   O   R   Q   Q   R
R   U   T   D   I   L   H   B   E   L   E   N   K   V
```

| | |
|---|---|
| Belén | Booz |
| Elimelec | Era |
| Mahlón | Moab |
| Noemí | Obed |
| Orfa | Quelión |
| Rut | Siega |

# 21. NACIMIENTO DE SAMUEL

## 1 Samuel 1

```
F  J  R  I  E  S  T  E  R  I  L  X  M  L
G  E  F  M  H  C  S  S  O  Y  X  R  W  J
G  S  F  X  U  A  X  A  I  G  B  A  F  M
C  U  W  E  I  N  X  E  M  L  N  H  O  P
K  I  I  L  U  U  E  L  I  U  O  V  D  K
P  Y  D  C  I  G  L  P  D  X  E  Q  E  E
E  S  E  A  A  E  I  W  V  T  S  L  S  B
N  L  D  N  B  S  F  N  A  N  A  M  T  R
I  X  I  A  O  F  Z  J  K  N  L  L  E  I
N  R  C  W  T  O  V  E  R  A  Z  O  T  A
A  P  A  N  O  H  S  H  W  C  B  N  A  W
Y  W  D  X  R  E  I  O  I  N  I  C  D  P
Q  T  O  U  G  D  P  V  V  H  M  Q  O  L
D  O  T  G  O  P  C  A  Q  M  J  W  B  C
```

| | |
|---|---|
| Ana | Dedicado |
| Destetado | Ebria |
| Elcana | Elí |
| Estéril | Jehová |
| Otorgó | Penina |
| Samuel | Silo |

# 22. LLAMAMIENTO DE SAMUEL
## 1 Samuel 3

D D Z V F E L I K C U L J X
P X X G N T A Y M R Q F I C
A J Q A T J U J P E T R S M
L H V I N A S Q G C I T R I
A C B V G J K A O E O D A U
B F D T N T Y F M R N P E J
R W V P E Y K B A U S I L L
A T I A K M O C B V E S O L
Y F S I U E P S Q J T L D A
L S I A K L O L V E A I W M
I I O S I E R V O H G G V A
N L N O S R C Q S O T U G R
T O C N O F F K L V E W I L
J P R O F E T A O A Z N U O

| Crecer | Elí |
|--------|-----|
| Israel | Jehová |
| Llamar | Palabra |
| Profeta | Samuel |
| Siervo | Silo |
| Templo | Visión |

# 23. FILISTEOS Y EL ARCA
## 1 Samuel 4-6

```
M  Z  N  Y  B  X  Z  D  J  X  G  F  R  R
Z  D  X  Y  O  H  D  E  R  I  M  S  C  J
M  V  R  Q  C  W  A  V  B  D  U  E  Z  J
B  I  B  O  L  Q  G  U  U  L  E  R  P  F
T  D  S  J  F  F  O  E  C  L  R  M  A  I
F  B  I  R  K  N  N  L  A  L  T  J  C  N
T  F  C  R  A  K  I  V  Q  L  E  O  T  E
X  X  A  W  H  E  Z  E  R  X  S  P  O  E
F  B  K  P  I  M  L  N  O  F  C  Y  U  S
F  I  L  I  S  T  E  O  S  R  P  V  I  R
A  N  J  Y  G  C  M  Y  W  A  H  J  K  O
R  W  E  J  T  U  M  O  R  E  S  Z  P  Z
C  U  L  P  Z  P  O  S  T  R  A  D  O  U
A  A  I  H  Q  X  R  H  D  O  X  M  Y  J
```

| | |
|---|---|
| Arca | Dagón |
| Devuelven | Elí |
| Filisteos | Finees |
| Israel | Muertes |
| Ofni | Pacto |
| Postrado | Tumores |

# 24. ISRAEL PIDE UN REY
## 1 Samuel 8-10

```
G  V  T  J  Z  L  B  T  B  F  J  A  B  W
E  W  Y  X  O  V  E  N  G  N  D  J  N  G
O  U  P  F  J  M  A  Y  W  G  R  E  Y  U
K  N  M  R  D  W  A  X  E  M  N  N  V  F
N  G  M  J  O  U  S  S  I  S  Y  O  J  S
Z  I  I  E  V  F  E  B  N  K  V  C  R  G
B  D  O  W  A  I  E  D  W  A  Z  Y  U  W
E  O  R  K  I  R  D  T  Z  B  S  B  V  B
N  O  V  Y  L  Y  O  E  A  T  V  O  R  D
J  P  W  Y  Y  V  W  U  N  S  H  N  X  I
A  A  C  E  I  T  E  Z  B  T  A  O  O  O
M  D  E  S  E  C  H  A  D  O  E  U  D  S
I  G  C  M  P  D  M  Q  K  T  K  N  L  P
N  S  A  X  Y  P  U  G  C  S  X  Z  K  J
```

| | |
|---|---|
| Aceite | Ajeno |
| Asnas | Benjamín |
| Desechado | Dios |
| Leyes | Profeta |
| Rey | Saúl |
| Ungido | Vidente |

# 25. SAMUEL UNGE A DAVID
## 1 Samuel 16

| | | | | | | | | | | | | | |
|---|---|---|---|---|---|---|---|---|---|---|---|---|---|
| M | K | B | D | S | A | C | R | I | F | I | C | I | O |
| P | S | R | L | I | B | F | C | G | H | I | J | O | S |
| P | L | D | U | D | T | J | C | O | K | C | O | A | T |
| A | T | R | D | T | L | S | X | H | R | C | S | Z | A |
| R | Y | E | U | O | W | J | B | B | Y | A | N | S | J |
| E | V | U | S | B | C | U | E | R | N | O | Z | E | D |
| C | P | Y | N | T | I | Q | L | F | J | A | O | O | V |
| E | Y | G | X | G | A | O | E | P | Y | R | A | J | N |
| R | B | B | R | P | I | T | N | D | Q | P | L | L | C |
| C | J | C | A | Y | A | R | U | R | N | P | D | I | K |
| H | C | U | V | J | R | S | Z | R | E | I | A | M | J |
| Y | T | W | D | E | O | T | T | H | A | S | C | C | D |
| N | D | A | V | I | D | Z | L | O | V | A | K | E | C |
| K | C | I | S | E | K | Q | V | X | R | I | B | C | J |

| | |
|---|---|
| Belén | Corazón |
| Cuerno | David |
| Estatura | Hijos |
| Isaí | Parecer |
| Pastor | Rubio |
| Sacrificio | Ungir |

# 26. DAVID Y GOLIAT
### 1 Samuel 17

```
W  Y  H  G  A  T  X  S  C  V  L  A  L  A
J  K  O  V  R  G  B  R  H  G  L  R  I  G
Y  Z  K  L  P  U  M  G  D  I  H  M  I  J
C  G  S  D  I  E  Y  H  A  G  A  A  Y  W
H  E  D  W  E  R  A  E  B  A  Z  D  W  P
O  S  E  G  D  R  D  M  B  N  E  U  W  B
N  P  S  L  R  A  J  Y  K  T  C  R  L  Z
D  A  A  Y  A  W  A  M  D  E  A  A  F  P
A  D  F  V  Q  L  P  O  O  G  Y  V  R  Y
S  A  I  Z  J  S  P  A  M  O  M  I  Z  R
P  B  O  V  R  Z  C  G  Y  L  N  L  S  V
V  Q  J  J  H  R  Q  Y  X  I  H  J  H  J
H  L  J  S  A  J  G  G  I  A  S  O  C  O
V  H  E  R  M  A  N  O  S  T  H  R  J  O
```

| | |
|---|---|
| Armadura | Azeca |
| Desafío | Espada |
| Gat | Gigante |
| Goliat | Guerra |
| Hermanos | Honda |
| Piedra | Soco |

| | | | | | | | | | | | | |
|---|---|---|---|---|---|---|---|---|---|---|---|---|
| X | M | F | V | E | O | J | A | Y | H | P | F | M | E |
| C | A | N | T | I | C | O | S | C | E | Q | M | M | N |
| M | I | C | A | L | C | J | H | L | R | R | T | U | E |
| E | R | E | F | J | V | O | S | C | E | R | N | B | M |
| I | T | Z | N | F | T | N | M | F | I | S | K | O | I |
| T | H | K | M | X | E | A | R | W | O | E | T | T | G |
| C | Z | U | K | G | M | T | J | B | W | E | N | T | O |
| L | E | I | T | P | O | A | T | K | I | I | Y | E | J |
| A | Z | L | E | M | R | N | R | M | P | N | L | O | O |
| N | V | U | O | M | E | A | F | W | T | A | N | C | R |
| Z | R | M | M | S | D | R | L | H | X | S | C | R | U |
| A | L | R | L | V | P | J | A | J | Q | L | Z | T | W |
| A | R | A | V | X | M | P | B | B | K | P | A | T | O |
| B | X | S | I | E | R | V | O | C | E | R | P | D | R |

| | |
|---|---|
| Celos | Cánticos |
| Enemigo | Jonatán |
| Lanza | Merab |
| Mical | Pacto |
| Siervo | Temor |
| Yerno | Cien |

# 28. DAVID Y JONATÁN

### 1 Samuel 20

```
Z  S  M  M  D  A  V  I  D  T  B  W  Q  S
M  J  K  X  B  C  G  B  U  O  Q  D  S  U
S  X  O  A  L  U  Z  E  C  R  J  M  W  M
W  A  E  N  M  Y  M  L  A  A  G  S  W  I
K  G  C  F  A  A  B  E  M  M  S  R  V  S
E  T  P  R  Z  T  B  N  P  I  T  J  W  E
Z  C  P  V  I  D  A  A  O  S  F  I  R  R
E  T  I  N  J  F  P  N  A  T  E  R  S  I
L  C  E  W  W  G  I  I  U  A  C  W  M  C
M  K  D  J  N  Z  O  C  I  D  G  H  K  O
S  U  R  C  D  L  I  T  I  M  V  G  K  R
T  F  A  E  N  O  J  A  R  O  W  W  Q  D
I  E  R  A  Q  M  S  I  O  G  E  N  P  I
V  G  Z  D  J  S  A  E  T  A  S  M  V  A
```

| | |
|---|---|
| Amaba | Amistad |
| Belén | Campo |
| David | Enojar |
| Ezel | Jonatán |
| Misericordia | Piedra |
| Sacrificio | Saetas |

**1 Samuel 21-24**

```
Q  Z  J  D  E  T  Y  N  T  W  R  Y  H  M
Y  O  L  U  J  S  R  O  N  S  P  O  O  A
I  E  S  P  R  C  P  B  Y  O  R  T  O  N
Z  L  A  E  S  A  H  A  H  U  I  D  A  T
O  J  C  R  I  U  M  Q  D  Z  O  W  O  O
S  D  E  D  T  O  L  E  I  A  L  T  W  E
B  H  R  O  O  I  C  C  N  I  B  A  P  S
U  I  D  N  T  B  X  Q  Y  T  P  B  F  A
N  B  O  A  M  L  F  Y  V  D  O  I  E  T
R  A  T  R  M  U  E  R  T  E  L  A  B  N
D  K  E  M  V  I  D  A  S  X  J  T  Q  W
Z  H  S  C  F  U  B  O  N  T  V  A  J  K
X  S  A  V  V  O  C  E  S  Q  L  R  Z  C
Q  D  G  L  R  A  A  H  I  M  E  L  E  C
```

| | |
|---|---|
| Abiatar | Ahimelec |
| Espada | Huida |
| Juramento | Manto |
| Muerte | Nob |
| Perdonar | Sacerdotes |
| Vida | Voces |

# 30. DAVID Y ABIGAIL
### 1 Samuel 25

```
E  U  N  K  O  B  B  R  I  C  O  F  R  D
F  R  S  X  S  A  B  I  G  A  I  L  X  R
H  E  N  T  E  N  D  I  M  I  E  N  T  O
J  L  C  Q  Z  S  P  O  E  A  P  J  I  N
X  S  R  Y  J  A  X  J  K  H  J  H  V  J
Q  D  I  A  X  M  C  H  E  E  H  W  T  V
V  H  A  P  L  U  P  H  E  R  M  O  S  A
E  S  D  X  L  E  N  E  J  N  B  G  O  X
A  L  O  P  S  L  Y  A  R  N  R  A  A  W
I  E  S  P  O  S  A  P  B  V  M  M  R  B
M  Q  A  S  N  O  T  R  O  A  E  J  J  Q
V  C  A  R  M  E  L  D  R  P  L  R  Z  L
P  R  O  T  E  C  C  I  O  N  P  I  S  B
P  Z  I  L  U  Q  W  S  X  P  Z  T  O  O
```

| | |
|---|---|
| Abigail | Asno |
| Carmel | Criados |
| Entendimiento | Esposa |
| Hermosa | Nabal |
| Perverso | Protección |
| Rico | Samuel |

# CRUCIGRAMAS

## ADVERTENCIA:
## SOLO PARA VALIENTES

SI NO TE SABES LA RESPUESTA
TE RETO A QUE LA BUSQUES EN LA BIBLIA,
EN LOS LIBROS Y CAPÍTULOS QUE SE TE INDICAN

# 1. GÉNESIS 1-3

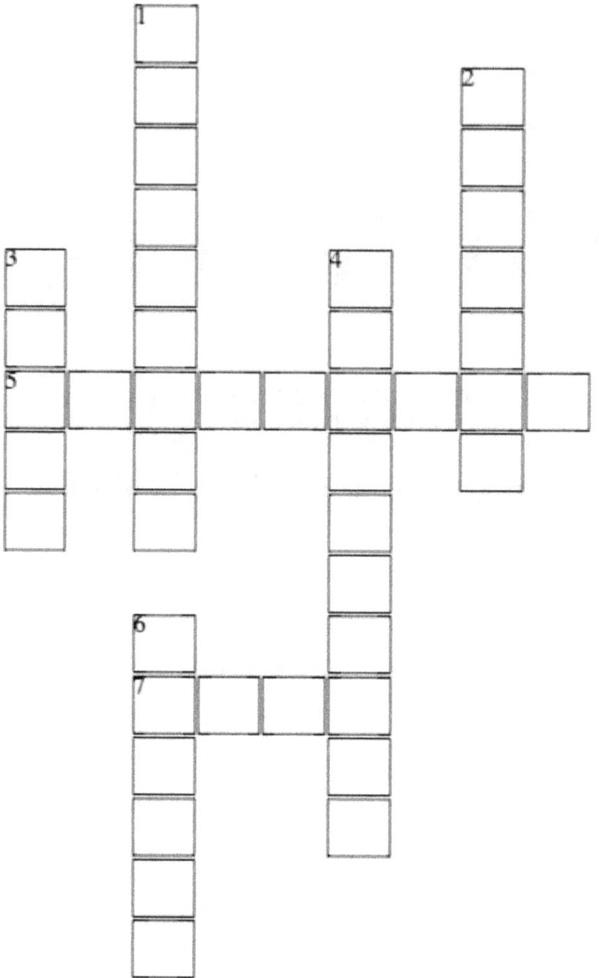

## Horizontales

5  Animal más astuto de todos los del Edén.

7  Persona que puso nombre a todos los animales.

## Verticales

1  Creado el cuarto día.

2  Dirección en la que Dios creó el huerto del Edén.

3  Río que rodeaba toda la tierra de Havila, donde había oro.

4  Ángeles que protegieron la entrada al Edén

6  El primer nombre de Eva.

# 2. GÉNESIS 4-6

## Horizontales

3  Edad de Adán cuando engendró a Set.

4  Hijo mayor de Noé.

5  Primer hijo de Caín.

7  Segundo hijo de Adán y Eva.

## Verticales

1  Abuelo de Noé.

2  Tipo de madera con la que se hizo el arca.

6  Jehová puso una señal en él.

## Horizontales

3  Monte en el que reposó el arca.

5  Número de parejas que se tomaron de los animales limpios.

6  Tipo de árbol del que la paloma trajo una hoja.

7  Día dentro del arca cuando vinieron las aguas.

## Verticales

1  Días del diluvio.

2  Edad de Noé cuando vino el diluvio.

4  Señal del pacto de Dios con todo ser viviente.

# 4. GÉNESIS 11-13

## Horizontales

1 Lugar en el que se situó una torre para alcanzar el cielo.

4 Tierra a la que se dirigió primero Abram.

5 Con qué hirió Dios a Egipto por Sara.

7 Sobrino de Abraham.

## Verticales

2 Nombre de Abraham antes de que Dios le cambiara el nombre.

3 A casa de quién fue llevada Sara.

6 Primera comparación de Dios sobre la descendencia de Abraham.

## Horizontales

2 Nombre del primer hijo de Lot.

4 Pacto entre Dios y Abraham.

7 Lugar de procedencia de Agar.

## Verticales

1 Primer nombre de Sara.

3 Jehová hizo llover sobre Sodoma y Gomorra fuego y ______

5 Significado de Isaac.

6 Primer hijo de Abraham.

# 6. GÉNESIS 21-24

## Horizontales

2   Nombre del pozo donde Abraham y Abimelec hicieron un pacto.

4   Señal que puso el sirviente de Abraham a Dios para identificar la futura mujer de Isaac: dar de beber a ______

6   Nacionalidad de la mujer de Ismael.

7   Lugar donde habitó Ismael.

## Verticales

1   Animal para el sacrificio que dio Dios a cambio de Isaac.

3   Nombre de la mujer de Isaac.

5   Sara murió en tierra de ______

# 7. GÉNESIS 25

## Horizontales

2  Color de pelo de Esaú.

5  Esaú vendió su primogenitura a cambio de ________

7  Edad de Jacob cuando se casó.

## Verticales

1  Descripción de la forma de ser de Jacob.

3  Edad de Jacob cuando tuvo a Jacob y Esaú.

4  Esaú era diestro en ________

6  Segunda mujer de Abraham.

## Horizontales

1   Isaac envió a Jacob a casa de su tío llamado

_______

3   Años que Jacob sirvió por ella.

6   Esaú era velloso y Jacob era _______

7   En el sueño de Jacob, unía el cielo con la tierra.

## Verticales

2   Nombre de la primera mujer de Jacob.

4   Jacob se enamoró de ella.

5   La piel de animal con la que Jacob fingió tener vello.

## Horizontales

3 Nombre del lugar donde Jacob luchó contra el ángel.

4 Condición en la que se quedó Jacob después de la lucha contra el ángel.

5 Primogénito de Jacob.

7 Nombre de la hija de Jacob.

## Verticales

1 Nombre de la sierva de Lea.

2 Segundo hijo de Raquel.

6 Nombre de la sierva de Raquel.

# 10. GÉNESIS 37

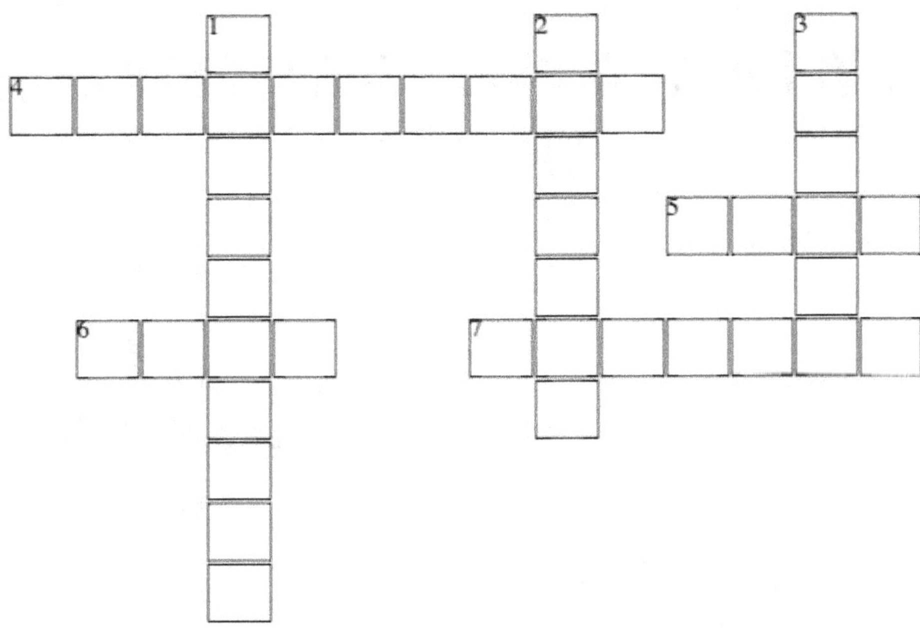

## Horizontales

4  Fue vendido a unos _________

5  En el segundo sueño, se inclinaban ante él las estrellas, el sol y _____

6  Vendido por sus hermanos.

7  La túnica del hijo primogénito de Raquel tenía

_____

## Verticales

1  Edad en la que fue vendido como esclavo.

2  En su primer sueño, éstos se inclinaban ante el suyo.

3  Su precio en piezas de plata.

# LABERINTOS

## AYUDA A LA OVEJA A ENCONTRAR LA CRUZ

COMO PODRÁS VER, NUESTRA OVEJA ES MUY DESPISTADA Y SE PIERDE MUCHAS VECES... ¡ESPERA!... ¿A QUIÉNES ME RECUERDA ESO?...

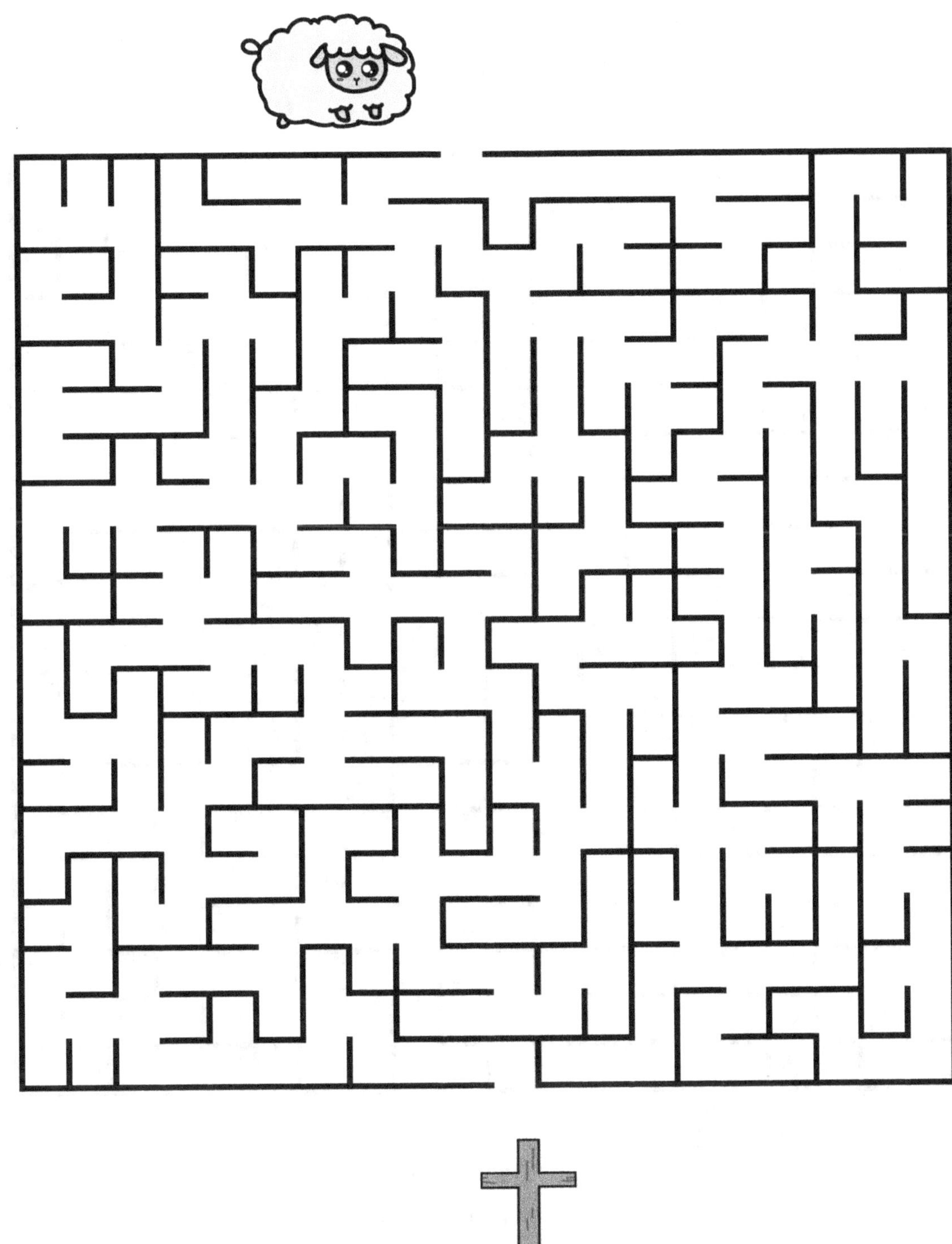

# SOLUCIONES
## ¿QUÉ HACES MIRANDO AQUÍ?

SOLO PUEDES MIRAR PARA COMPROBAR TUS RESPUESTAS
O SI LO HAS INTENTADO MUCHO, MUCHO.... Y NO HAS PODIDO
ENCONTRAR LA RESPUESTA.

# CRUCIGRAMAS

## 1. GÉNESIS 1-3
1. Lumbreras
2. Oriente
3. Pisón
4. Querubines
5. Serpiente
6. Varona
7. Adán

## 2. GÉNESIS 4-6
1. Matusalén
2. Gofer
3. Ochocientos
4. Sem
5. Enoc
6. Caín
7. Abel

## 3. GÉNESIS 7-9
1. Cuarenta
2. Seiscientos
3. Ararat
4. Arco iris
5. Siete
6. Olivo
7. Séptimo

## 4. GÉNESIS 11-13
1. Babel
2. Abram
3. Faraón
4. Canaán
5. Plagas
6. Polvo
7. Lot

## 5. GÉNESIS 16-19
1. Egipto
2. Ismael
3. Moab
4. Azufre
5. Risa
6. Sarai
7. Circuncisión

## 6. GÉNESIS 21-24
1. Carnero
2. Beerseba
3. Rebeca
4. Camellos
5. Canaán
6. Egipcia
7. Parán

## 7. GÉNESIS 25
1. Quieto
2. Rubio
3. Sesenta
4. Caza
5. Lentejas
6. Cetura
7. Cuarenta

## 8. GÉNESIS 27-29
1. Labán
2. Lea
3. Catorce
4. Raquel
5. Cabrito
6. Lampiño
7. Escalera

## 9. GÉNESIS 30-35
1. Zilpa
2. Benjamín
3. Peniel
4. Cojo
5. Rubén
6. Bilha
7. Dina

## 10. GÉNESIS 37
1. Diecisiete
2. Manojos
3. Veinte
4. Madianitas
5. Luna
6. José
7. Colores

# LABERINTOS

### 1. PÁGINA 45
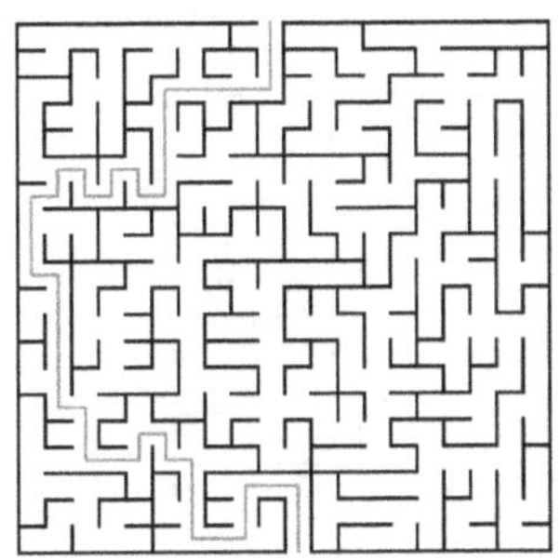

### 5. PÁGINA 49
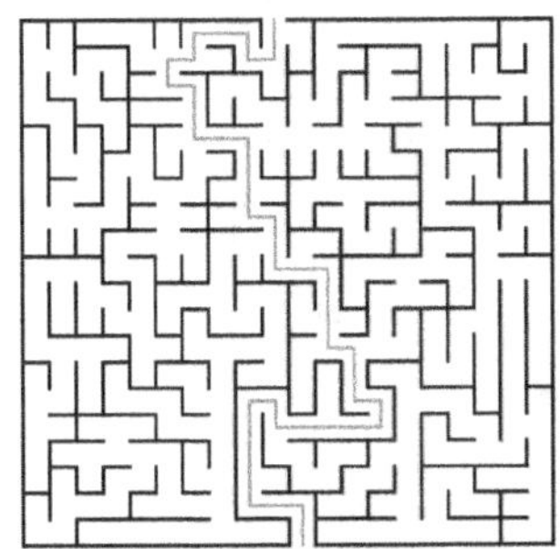

### 9. PÁGINA 53

### 2. PÁGINA 46

### 6. PÁGINA 50

### 10. PÁGINA 54

### 3. PÁGINA 47

### 7. PÁGINA 51

### 11. PÁGINA 55
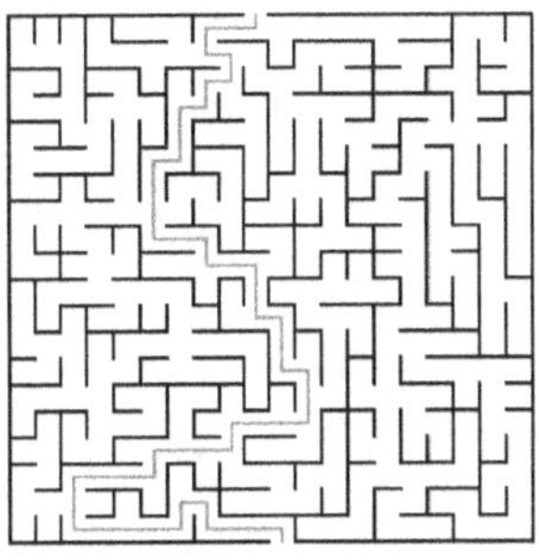

### 4. PÁGINA 48

### 8. PÁGINA 52

### 12. PÁGINA 56

## 13. PÁGINA 57

## 14. PÁGINA 58

## 15. PÁGINA 59

## 16. PÁGINA 60

## 17. PÁGINA 61

## 18. PÁGINA 62

## 19. PÁGINA 63

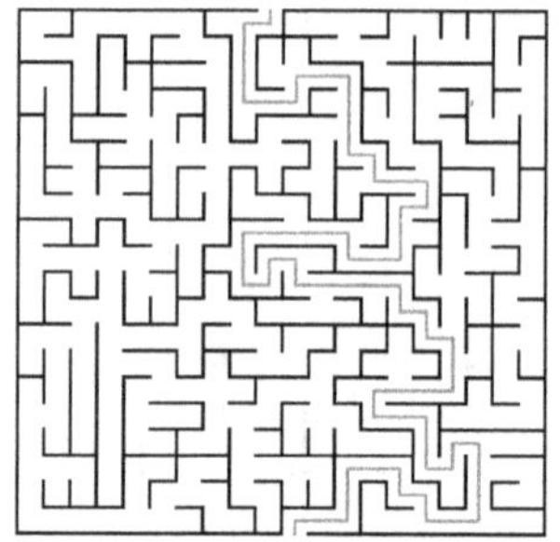

## 20. PÁGINA 64

¡ESPERO QUE LO HAYAS DISFRUTADO Y QUE HAYAS APRENDIDO!

SI TE HA GUSTADO Y TE GUSTARÍA MÁS MATERIAL COMO ÉSTE, AGRADECERÍA, SI PUEDES, QUE DEJES UN COMENTARIO EN LA TIENDA ONLINE EN LA QUE ADQUERISTE EL LIBRO :)

TAMBIÉN, SI QUIERES, PUEDES PONERTE EN CONTACTO CONMIGO O SEGUIRME EN ALGUNA DE MIS REDES SOCIALES.

BENDICIONES Y UN ABRAZO,

BITIA MARTÍNEZ PÉREZ

## REDES SOCIALES:

 BITY DIY

 BITYDIY

 BITYDIY